FACULTÉ DE DROIT DE TOULOUSE

ACTE PUBLIC

POUR

LA LICENCE

TOULOUSE

Imprimerie **Bayret, Pradel & Cᵉ**, place de la Trinité, 12.

A mon oncle, marquis d'OMS,

Conseiller à la Cour de Cassation.

Affection et respect.

A mon Père, à ma Mère,

A mes Parents, à mes Amis,

Amour et dévouement.

(C.)

FACULTÉ DE DROIT DE TOULOUSE.

ACTE PUBLIC

POUR

LA LICENCE

SOUTENU

EN EXÉCUTION DE L'ARTICLE 4, TITRE 2, DE LA LOI DU 22 VENTÔSE AN XII,

Par M. GALTIER (Albert),

Né à Bordeaux (Gironde).

JUS ROMANUM.

De obligationis naturalis indole et de ipsius effectibus.

Obligationes aut ex contractu nascuntur, aut ex maleficio, aut proprio quodam jure ex variis causarum figuris (Dig., lib. xliv, tit. vii, *de Oblig. et act.*) Sed quod de obligationum universitate, non de naturali obligatione

1858

præcipuè dicendum est. Nam quum aliæ ex re contrahuntur aut verbis, aut consensu; illa vero tantum ex naturâ nasci videtur.

Magni momenti est, ut discrimen faciamus inter naturalem obligationem et obligationem conscientiæ; quæ enim verò obligationes ita inter se specie congruunt, ut sæpe discrimen arduum sit. Sed dicendum est : conscientiæ obligationem nasci *ex eo jure*, quod naturalis ratio inter homines constituit ; obligationem verò naturalem illam esse, quam omnes gentes aut quædam gens ad gentium jus omniumque commoda inhærentem æstimare solent. Inde fit ut obligatio conscientiæ, religiose servata, meram donationem, solutionem tantum naturalis obligatio constituere videtur. Naturalis autem obligationis semper eisdem effectibus nitescere proprium est ; quos hoc memento recognoscere decet :

1° Repetitionem prohibet naturalis obligatio ;

2° Creditor eam in bonis habet ;

3° Fidejussioni accedere potest ;

4° Pignus ;

5° Correalitas ;

6° Constitutum ;

7° Ratificatio ;

8° Novatio ;

9° Compensatioque tam naturalem quam civilem obligationem amplectitur.

Non idem de conscientiæ obligatione quæ, cœteris omnibus effectibus Prætermissis, solam repetitionem prohibere videtur ; itaque inter duo illarum obligationum genera hoc solum discrimen esse non credendum est ; quo, in naturali obligatione quod juris errore solutum non repetendum ; conscientiæ vero in obligatione repetendum ; et quidem, ut ait Julianus : « Mulier si in ea opinione sit, ut credat se pro dote obligatam, quidquid dotis nomine dederit, non repetit; sublatâ enim falsâ opinione, relinquitur pietatis causâ, ex quâ solutum repeti non potest. »(L. 32, § 2, Dig., *de Cond. ind.*, 12-6.)

Obligationis effectus.

Nunc vero obligationis effectus recognoscere decet.

Itaque qui pecuniam natura tantum quasi jure civili debitam, eam repetere nequit. Nam scriptum videmus in lege (art. 16, § 4, *de Fidej.*, 46-1) : «Pecunia naturali obligatione soluta repeti non potest. » Naturales autem obligationes non eo solum æstimantur, si actio aliqua earum nomine competit, verum etiam *cum soluta pecunia repeti non potest.* Nam licet minus proprie debere dicantur naturales debitores, per abusionem intelligi possunt debitores et qui ab his pecuniam recipiunt, debitum sibi recepisse.

Creditoris quoque in bonis est naturalis obligatio, eo quod debitum, ut suprà dictum est, constituere videtur ; non idem de conscientiæ obligatione quæ certis nunquam terminis circumscribere potest. Eos autem qui ab naturalibus debitoribus pecuniam recipiunt, debitum sibi recepisse ; ut suprà (L. 16, § 4, *de Fidej.*, 46-1), dictum est. Legimus itidem in lege (40 *præ.*, *ad Sen. Treb.* 36-1). Quamvis senatus de his actionibus transferendis loquatur quæ jure civili heredi, et in heredem competunt ; tamen honorariæ actiones transeunt. Nulla enim separatio. *Imo et causa naturalium obligationum transit.* Itaque creditor quod naturali obligatione debet, retinere potest. Nam aditio hereditatis nonnunquam jure confundit obligationem ; veluti si creditor debitoris, vel contra debitor creditoris adierit hereditatem. Aliquando pro solutione cedit ; si forte creditor qui pupillo sine tutoris auctoritate nummos crediderat, heres ei extitit ; non enim quanto locupletior pupillus factus est, consequeretur, sed in solidum creditum suum ex hereditate retinet.

Fidejussioni accedere potest. Omni enim obligationi fidejussor accedere potest ; non autem commodati et depositi tantum accipi potest sed etiam, quoties ut aliquod obligatio civilis, *vel naturalis,* cui applicetur. (L. 16, § 3, Dig., 46-1.)

Ad pignus accedit naturali obligatio. Res hypotecæ dari posse sciendum est pro quacumque obligatione, vel pro civile, vel honoraria, vel *tantum naturali;* creditor enim qui aut naturà, aut jure pignus accipit, re semper obligatur.

Correa est ; id est et stipulandi et promittendi duo plures ve rei tam naturali quam civili obligatione, fieri possunt. Ex hujus modi obligationibus et stipulantibus solidum singulis debetur, et promittentes singuli in solidum tenentur. In utraque tamen obligatione una res vertitur, et vel

alter debitum accipiendo, vel alter solvendo, omnium perimit obligationem et omnes liberat.

Constituto accedere potest : actiones enim ex pactis generaliter non
oriuntur; constitutum vero actionem producit nam edicto prætor favet
naturali æquitati qui constituta ex consensu facta custodit quoniam grave
est fidem fallere. (L. 1, D., *P. c.*); et naturali obligationi constitutum accedere videmus quod inter se plurimis modis congruunt. Nam de repetione
tam constitutum quam obligatio decedit; ad verò solutionem accedunt;
non idem de obligatione conscientiæ, quæ meram donationem constituere
videtur.

Ratificationem non repellit. Naturæ obligationem debitor ratam habet.
Pactum enim contra jus aut constitutiones solum videtur, quod non ratum
habere potest; sed ut transmissus, quo naturæ obligatio, civilis fit, de-
bitori tantum prodest, ab eo consensum esse oportet.

Novatio est prioris debiti in aliam obligationem, vel civilem, *vel naturalem*, transfusio atque translatio; hoc est cum ex præcedenti causa ita
nova constituatur, ut prior perimatur. Illud non interest qualis processit
obligatio : utrum *naturalis* an civilis, an honoraria. Qualiscumque igitur
obligatio sit quæ præcessit, novari verbis potest, dummodo sequens obligatio aut *civiliter* teneat, aut *naturaliter;* ut puta si pupillus sine tutoris
auctoritate promiserit. Etiam quod naturaliter debetur venit in compensationem.

QUÆRITUR.

Quod naturà debetur venit ne in compensationem tam ex eadem quam,
ex dispari causà ? — Tantum ex eadem causà.

CODE NAPOLÉON.

De l'administration du tuteur.

(ART. 450-475.)

APERÇU HISTORIQUE.

La loi après avoir réglé les droits et les devoirs de chacun , la position des personnes dans l'État et dans les familles, voulut aussi donner aux faibles et aux incapables, secours et protection. En effet, la faiblesse de l'âge ou du sexe, des causes particulières, comme la démence , une longue maladie , peuvent mettre les personnes dans un tel état, qu'elles aient besoin d'un protecteur. C'est alors aux lois de leur en donner.

Les personnes *alieni juris,* propriété du chef auquel elles étaient soumises, n'avaient pas besoin de protecteur étranger. Elles avaient, pour les diriger et les défendre, le maître souverain, le *paterfamilias.* Mais ceux qui étaient *sui juris,* se trouvant chefs de famille, maîtres absolus d'eux-mêmes et de leurs biens, dès l'âge le plus tendre, avaient besoin que la loi pourvût à leurs intérêts, incapables qu'ils étaient d'y pourvoir eux-mêmes. C'est ce qui fut fait. La loi, inspirée par la nature même des choses, puisant aux sources du Droit commun à tous les peuples, établit les règles de la *tutelle et de la curatelle;* et ces institutions de Droit naturel, revêtues du caractère particulier des institutions romaines, se rangèrent dans le Droit propre aux citoyens.

Le Code Napoléon s'empara, à son tour, de ces institutions consacrées par la loi romaine, adoptées par nos Coutumes ; mais en se les appropriant, il sut les modifier.

Chez les Romains, la majorité était fixée à vingt-cinq ans; nos Coutumes avaient adopté la même date. La loi du 20 septembre 1792, prenant naissance au milieu des idées nouvelles de liberté et d'émancipation, fixe la majorité à vingt et un ans; et le Code, le 30 ventôse an XII, vient consacrer cette disposition législative en son art. 388.

Chez les Romains, les mineurs, une fois pubères, passaient de l'autorité du tuteur sous la surveillance d'un curateur, que la loi ne leur imposait pas. Le Code a fixé à vingt et un ans la majorité; et jusqu'à cet âge le mineur, reconnu incapable par la loi, ne peut agir sans l'assistance de son tuteur; cette règle est invariable, sauf les exceptions introduites par l'art. 144, au titre du *Mariage,* et l'art. 904, au titre des *Successions* et *Testaments.*

A Rome, où sous le Droit rigoureux un citoyen ne pouvait être représenté par un autre, le tuteur venait se joindre à la personne du pupille; il complétait (*augebat*) par sa présence et sa coopération le personnage incomplet de l'impubère; il faisait surgir, en s'adjoignant à lui, cette personne civile que le Droit romain exige pour les actes solennels. Sous notre Code, le tuteur *représente la personne du mineur dans tous les actes civils;* il le remplace seul ou avec l'autorisation du conseil de famille; il prend soin de sa personne; il *administre ses biens.* C'est cette administration que nous devons étudier dans tous ses détails ; mais, afin d'en saisir plus facilement toutes les règles, nous allons diviser notre matière en trois chapitres différents.

Premier chapitre, traitant de l'administration relativement à la personne du pupille.

Second chapitre, de l'administration des biens.

Troisième chapitre, des comptes de tutelle.

CHAPITRE PREMIER.

De l'administration relativement à la personne du pupille.

Le devoir principal du tuteur est de prendre soin de la personne du mineur ; tel est le principe consacré par l'art. 450. La loi a voulu s'occuper de la personne du mineur avant que de penser à l'administration de ses biens. Le tuteur est donc tenu de veiller sur la personne du mineur et de le gouverner ; ce qui lui donne naturellement le droit d'éducation, de garde et de correction, en un mot, tous les attributs de la puissance paternelle. Est-ce à dire que le droit de garde et d'éducation lui appartienne toujours et nécessairement ? Nous sommes loin de le croire. La tutelle est d'ordre public, elle n'a été instituée que dans un seul but : celui de ne pas laisser abandonnés à eux-mêmes, sans force et sans défense, des êtres impuissants à se gouverner ; la nature le voulait ainsi ; la société le demandait. Mais si la tutelle venait arracher aux père et mère survivant les droits naturels et légitimes qu'ils ont sur leurs enfants, son but serait complètement manqué ; le remède serait pire que le mal : pour éviter quelque confusion dans l'organisation sociale, on violerait les droits les plus sacrés de la nature, les droits du père sur son enfant ; et la puissance paternelle, que tous les peuples ont entourée de respect et de vénération, atteinte dans ses effets, ne serait plus qu'un vain titre. Aussi disons-le avec la raison, avec le Code : les père et mère, à moins qu'une circonstance exceptionnelle ne les rende incapables ou indignes, ont seuls le droit de diriger l'éducation de leurs enfants (art. 372). Mais la puissance paternelle et la tutelle, pou-

2

voirs parfaitement distincts, peuvent quelquefois se trouver réunis dans la même personne.

La tutelle appartient-elle au père survivant? Père et tuteur, il a des droits beaucoup plus étendus qu'un tuteur ordinaire. Tandis qu'en qualité de tuteur il doit s'occuper avec vigilance des biens du mineur, nous le voyons, comme père, exercer à sa guise le droit de correction, tantôt par voie d'autorité, tantôt par voie de réquisition. Au mépris du conseil de famille il détermine seul la dépense du mineur ; le genre d'éducation qui lui convient; le lieu où il doit résider; enfin, pour comble de puissance, institué usufruitier légal par l'art. 384, il trouve dans les art. 148, 346, 477, le droit de consentir au mariage, à l'adoption, à l'émancipation de l'enfant.

Le survivant des père et mère peut exister sans être tuteur; il a pu se faire excuser, exclure, ou destituer. Qu'arrive-il alors? le tuteur, exerçant la tutelle dative, représente le mineur et administre ses biens; le père (ou la mère), conservant ses droits de puissance paternelle, s'occupe seul de la personne de l'enfant; telle est l'opinion de M. Duranton et de Toullier. « Mais ce système, dit M. Laurens, me parait détruire toute l'économie de la loi relativement aux principales fonctions de la tutelle, etc., etc. » Nous respectons l'opinion de notre honorable professeur.

La puissance paternelle s'est éteinte dans la personne des père et mère, par suite de décès, d'incapacité ou d'indignité; dans ce cas, elle appartient alors au tuteur, mais dans une certaine mesure seulement. Le droit d'éducation et de correction peut donc devenir un attribut naturel et régulier de la qualité du tuteur; mais il ne lui est pas essentiel. Aussi peut-on, dans l'intérêt de l'enfant, le retirer au tuteur et le confier à un autre; et si le tuteur est fait par la loi, le représentant du mineur, s'il peut en son nom plaider, contracter et faire toute espèce d'actes, il est tenu d'administrer les biens en bon père de famille; il est sous la surveillance du subrogé-tuteur, et se trouve toujours responsable de sa mauvaise gestion, au conseil de famille, tribunal tout puissant qui nomme et destitue, autorise et conseille les tuteurs.

CHAPITRE II.

De l'administration des biens du pupille.

Parlons maintenant de l'administration du tuteur relativement aux biens du pupille. Mais avant d'en venir aux détails, nous croyons devoir nous rendre un compte exact de la position du tuteur à son entrée en gestion. Nous le trouvons en présence d'un conseil de famille et d'un subrogé-tuteur : le premier règle sa conduite, ses dépenses, donne et refuse son autorisation aux actes qu'à raison de leur importance il ne peut pas faire seul ; le subrogé-tuteur surveille son administration, poursuit sa destitution, quand il la juge nécessaire, représente le mineur quand il se trouve en opposition d'intérêts avec son tuteur. Ainsi placé, entre un tribunal et un surveillant, le tuteur se trouve lui-même, pour ainsi dire, en tutelle ; mais la loi ne pouvait laisser à l'abandon, entre les mains d'un tiers, les biens d'un enfant toujours faible, parfois insouciant et facile à dépouiller ; il fallait un contrôle à ce pouvoir administratif ; il fallait se prémunir contre un tuteur déloyal qui, foulant aux pieds probité, devoir, honneur, aurait pu s'enrichir aux dépens des biens confiés à sa garde.

En entrant en tutelle, le tuteur doit, dès l'abord, convoquer le conseil de famille pour se faire nommer un subrogé-tuteur. Afin d'établir la base de la responsabilité énorme qui pèse lui, le tuteur doit faire dresser un inventaire fidèle et exact des biens composant la fortune du mineur. Cet inventaire sera dressé lors de la levée des scellés, dont l'apposition est toujours nécessaire dans le cas d'une succession dévolue à des mineurs. (Art. 819, Cod. Nap.) L'art. 451 dit que *le tuteur doit requérir la levée des scellés dans les dix jours qui suivront celui de sa nomination.* Cette rédaction est inexacte ; car la règle dont il s'agit s'applique, non pas seulement *aux tuteurs nommés,* mais à tout tuteur quel qu'il soit : légitime, testamentaire ou datif. Ce n'est pas seulement à l'entrée en fonctions du tuteur qu'il y aura lieu de s'occuper des scellés et d'inventaire, mais toutes les fois qu'il s'agira d'une tutelle à laquelle a donné lieu la mort d'une personne dont le mineur est héritier. Dans le cours de la gestion du tuteur, une succession échoit au mi-

neur : le tuteur est aussi bien tenu de l'inventaire que celui qui, par suite
d'un décès, devient tuteur du mineur héritier. Le défaut d'inventaire peut
provoquer la destitution du tuteur. Il a pour sanction d'autoriser le mineur
à prouver, contre le tuteur, la valeur des choses qui devaient être invento-
riées, soit par titre, soit par témoins, soit par commune renommée. Cette
sanction, basée sur le droit commun, est consacrée par les art. 1442, 1348,
1353 du Code Napoléon. Le dernier survivant des père et mère a aussi le
droit de faire l'inventaire; mais ce n'est plus en tant que tuteur, mais bien
en tant qu'époux survivant; car la femme qui refuse la tutelle conserve le
droit de faire l'inventaire; si elle ne le fait pas dans les trois mois que lui
accorde le droit commun (art. 795-1456), elle est privée de l'usufruit légal.
L'inventaire a pour but de prévenir les détournements, de préparer les éléments de comptes que le tuteur devra rendre quand cesseront ses fonctions;
de faire connaître au conseil de famille l'importance de la fortune du mineur. Il doit donc contenir l'énumération, la description et l'estimation des
biens mobiliers du mineur (art. 941 et suiv. du Cod. de Proc.); la relation
des dettes, la mention des immeubles. Il sera fait par notaire, en présence
du subrogé-tuteur. Le tuteur doit y assister, pour déclarer s'il lui est dû
quelque chose par le mineur; le tout à la demande du notaire et sous peine
de déchéance.

Une fois l'inventaire confectionné, dans le mois qui suit la clôture,
le tuteur doit faire vendre aux enchères, en présence du subrogé-tuteur,
tous les meubles que le conseil de famille ne l'a point autorisé à conserver. Il doit le faire quand la succession échoit au mineur dans le cours de
la gestion, ainsi qu'à son entrée en fonctions. L'art. 452 entend par meubles, tous les meubles corporels, tous les meubles qui sont sujets à dépérissement. Il n'est pas tenu de vendre les meubles qui pourraient être
utiles au mineur, le conseil de famille l'autorise à les conserver; et l'article 453 confère au survivant des père et mère, qui a l'usufruit légal de
son enfant, le droit de ne pas les vendre, de les garder en nature, après
en avoir fait faire, à ses frais, une estimation à juste valeur, par un ex-
pert nommé par le subrogé-tuteur. Tout tuteur qui sera usufruitier aura
le même droit, et pourra rendre à la fin de l'usufruit les meubles qui ne
se consomment pas par le premier usage, pourvu qu'ils ne soient pas dé-
tériorés par sa faute (art. 589).

Le conseil de famille, dit l'art 454, règle la somme à laquelle pourra s'élever la dépense annuelle du mineur, ainsi que celle d'administration de ses biens. Mais sur quelle base aura lieu cette estimation? Le Code nous dit : *par aperçu, et selon l'importance des biens régis;* c'est donc au conseil de famille d'agir avec prudence et discernement. Une fois cette somme réglée et accordée au tuteur pour subvenir aux frais de son administration, il était logique de s'occuper des fonds non employés.

Le conseil de famille détermine la somme à laquelle commencera, pour le tuteur, l'obligation d'employer l'excédant des revenus sur la dépense, et le mode de cet emploi. Si le conseil de famille n'a pu délibérer sur ce dernier point, le tuteur, sous sa responsabilité, sera libre d'agir selon son bon vouloir. Le remploi de cette somme devra, dans tous les cas, être fait dans le délai de six mois. Mais s'il n'a point fixé la somme à laquelle devait commencer le remploi, quelle sera la sanction de cet oubli, de cette négligence? Le tuteur devra toujours remployer toute somme, quelque modique qu'elle soit; et à l'expiration de ce délai, il verra courir, de plein droit, sans aucune citation en justice, l'intérêt de toute somme non remployée. Il ne faut pas conclure de là que tout tuteur ne doit l'intérêt des sommes non remployées qu'à partir du délai de six mois. Loin de nous cette pensée; le tuteur n'est autre qu'un mandataire, et l'art. 1976 nous apprend que le mandataire doit l'intérêt des sommes qu'il a employées à son usage, à dater du jour de cet emploi. Ajoutons qu'il devrait aussi intérêt immédiat, s'il employait à son usage une somme exigible, due par lui à son pupille. Il ne peut prescrire aucune dette contre le mineur, puisque c'est à lui d'interrompre la prescription, sous peine de dommages et intérêts; toutefois, nous ne parlons ici que des petites prescriptions, sachant qu'en principe général la prescription ne court pas contre les mineurs.

Si le conseil de famille le juge à propos, il donne au tuteur un ou plusieurs gérants agissant sous sa responsabilité, hommes salariés qui n'ont d'autre emploi que d'aider le tuteur dans sa gestion. Disons encore que les père et mère sont dispensés des formalités que nous venons d'examiner; elles ne précèdent que l'entrée en tutelle des tuteurs datifs. Nous avons vu les précautions préliminaires que prend le conseil de famille, lors de l'entrée en exercice de toute tutelle ; suivons, maintenant, le tuteur dans ses

actes d'administration, que nous examinerons dans quatre sections différentes :

Première section, actes que le tuteur peut faire seul.

Deuxième section, actes que le tuteur ne peut faire qu'avec l'autorisation du conseil de famille.

Troisième section, actes que le tuteur ne peut faire qu'avec l'autorisation
du conseil homologuée par le tribunal.

Quatrième section, actes qui sont absolument interdits aux tuteurs.

SECTION PREMIÈRE.

Actes que le tuteur peut faire seul.

La règle est que le tuteur peut faire seul tous les actes que ne lui défend
pas le conseil de famille ; mais pour bien connaître les actes qui lui sont
permis, il faudrait préalablement savoir quels sont ceux qu'on lui défend.
Cependant nous dirons, avec M. Duranton, qu'en règle générale le tuteur
peut faire seul tous les actes *de simple administration et de conservation*. Il
peut, sans autorisation, percevoir les revenus et en donner quittance ;
recevoir et faire les paiements des capitaux dont le mineur est créancier et
débiteur ; capitaliser les épargnes ; exercer les actions mobilières ; défendre
aux actions immobilières ; ordonner les réparations nécessaires à la conservation des biens ; vendre les meubles, et, enfin, passer bail des immeubles. Mais il lui est interdit de vendre à l'amiable les meubles corporels,
quand ils ne sont pas fruits provenant des biens du mineur, et les baux
qu'il passe doivent être limités ; ils sont réductibles quand ils excèdent neuf
ans de durée (art. 1429 et 1430 *combinés*). Remarquons, en passant, avec
M. Valette, que le tuteur peut lui-même, pendant la tutelle, exercer l'action en réduction du bail qu'il a consenti ; représentant du mineur, il peut
faire ce que *celui-ci ferait lui-même, s'il était majeur.*

SECTION DEUXIÈME.

Actes pour lesquels l'autorisation du conseil de famille est nécessaire.

Nous allons les énumérer rapidement. Le tuteur a besoin de l'autorisation
du conseil de famille :

1° Pour répudier une succession échue au mineur. (Art. 461);

2° Pour accepter une succession;

3° Pour accepter une donation offerte au mineur. (Art. 463);

4° Pour former en justice une demande relative aux droits immobiliers du mineur, ou pour acquiescer à une demande relative aux mêmes droits:

5° Pour intenter une demande en partage;

6° Pour vendre des rentes sur l'Etat ou des actions de la Banque de France au-dessous de 50 francs de revenu.

Le tuteur ne peut accepter ni répudier une succession échue au mineur, comme le permet le droit commun consacré dans l'art. 774 du Code Napoléon; l'art. 461 exige qu'il soit autorisé par le conseil de famille; et encore il ne peut accepter la succession que sous bénéfice d'inventaire. Pourquoi ces précautions? Les conséquences de l'acceptation ou de la répudiation d'une succession peuvent être trop importantes pour que la loi ait voulu s'en rapporter au tuteur seul sur le parti à prendre à cet égard; et lors même que le conseil de famille autoriserait l'acceptation, le bénéfice d'inventaire garantit au mineur que ses intérêts ne seront pas compromis.

La répudiation faite par le tuteur, avec l'autorisation du conseil de famille, n'est pas irrévocable; car si la succession répudiée n'a pas été acceptée par un autre, elle peut être reprise, soit par le tuteur autorisé, à cet effet, par une nouvelle délibération du conseil de famille, soit par le mineur devenu majeur. Mais la succession sera acceptée dans l'état où elle se trouvera lors de la reprise, et sans que les ventes et autres actes qui auraient été loyalement faits, durant la vacance, puissent être attaqués (art. 462); cette disposition, du reste, est de droit commun. *Tant que la prescription du droit d'accepter n'est pas acquise contre les héritiers qui ont renoncé, ils ont la faculté d'accepter encore la succession, si elle n'a pas déjà été acceptée par d'autres héritiers, sans préjudice des droits qui peuvent être acquis à des tiers sur les biens de la succession.* (Art. 790, C. N.) Le tuteur ne peut pas non plus accepter une donation faite au mineur, sans l'autorisation du conseil de famille. Une libéralité peut ne pas avoir toujours d'honorables causes, et l'honneur du mineur doit passer avant son intérêt. Du reste, quoique essentiellement gratuite, la donation peut devenir onéreuse par l'obligation où se trouve le donataire de fournir des aliments au donateur indigent, sous peine d'ingratitude et de révocation. (Art. 953.) Les père et mère et les ascendants de l'enfant n'ont pas besoin d'autorisation ; ils peuvent accepter toute donation offerte au mineur ; ils sont trop intéressés à conserver intact l'honneur de la famille, pour que la loi n'ait pas confiance en leur discernement (935); enfin l'art. 954 dit que la donation offerte au mineur, et régulièrement acceptée par le tuteur, a le même effet qu'à l'égard d'un majeur.

Le tuteur qui défend seul à une demande formée contre le mineur, qui peut seul former une demande relative aux biens mobiliers, a besoin d'une autorisation du conseil, lorsqu'il intente des actions immobilières, ou veut y acquiescer. En effet, les droits immobiliers sont d'une plus grande importance que les droits mobiliers. Quant à l'acquiescement, qui peut être un abandon, une aliénation déguisée, il ne devait pas être laissé à la discrétion du tuteur. Mais le défaut d'autorisation ne peut profiter qu'au mineur, jamais à la partie adverse, si elle a accepté le débat.

Un mineur est appelé pour une part dans une succession indivise : si la demande en partage vient du côté des co-héritiers du mineur, le tuteur a plein pouvoir pour y répondre, parce que le conseil n'aurait pas le droit de la refuser, si on la lui demandait. Mais le tuteur n'a pas le droit de provoquer le partage sans le consentement du conseil ; parce que dans un partage il y a aliénation des droits qu'il n'attribue pas, et auxquels on pouvait prétendre pendant l'indivision. L'art. 466 fait connaître les formes qui doivent être observées pour la validité du partage. Quand elles ne sont pas observées, le partage n'est plus que provisionnel.

SECTION III.

Actes que le tuteur ne peut faire qu'avec l'autorisation du conseil de famille et l'homologation du tribunal.

L'autorisation du conseil de famille n'est pas suffisante quand le tuteur veut *emprunter, hypothéquer, aliéner* les immeubles, transiger. Il faut que l'autorisation soit homologuée par le tribunal.

Il est statué sur la demande en homologation en la chambre du conseil, et non en audience publique ; les affaires de famille n'ont pas besoin d'être dévoilées : le procureur impérial, que la loi charge particulièrement des intérêts du mineur, doit toujours être entendu (458).

Le conseil de famille ne doit autoriser ces actes, qui sont de nature à compromettre la fortune du mineur, que dans les cas d'absolue nécessité, ou d'avantage évident ; par exemple, lorsqu'il faut fournir à l'entretien du pupille, payer ses dettes, faire des réparations urgentes, vendre une propriété d'un entretien difficile et coûteux. Il doit toujours indiquer les immeubles qui seront vendus de préférence, et toutes les conditions qu'il jugera utiles. Les actes faits par le tuteur, au mépris des art. 457, 458, 459, sont nuls, et le mineur n'est tenu de rembourser que ce qui a tourné à son profit (art. 1312).

Quant à la transaction, contrat qui termine une contestation née, ou prévient une contestation à venir (art. 2044) et qui, par conséquent, peut consacrer l'aliénation d'un droit, le tuteur ne peut la faire qu'avec l'autorisation du conseil de famille, l'homologation du tribunal et l'avis de trois jurisconsultes désignés par le procureur impérial (art. 467); les membres du conseil de famille pourraient ne pas avoir de connaissances spéciales pour une saine appréciation d'un point litigieux.

SECTION IV.

Actes absolument interdits au tuteur.

Le tuteur ne peut jamais :.

1° Accepter purement et simplement une succession échue au mineur ;

2° Faire pour lui un compromis ;

3° Disposer à titre gratuit, c'est-à-dire par donation, des biens du mineur ;

4° Acheter, soit à l'amiable, soit même aux enchères, les biens mobiliers ou immobiliers de son pupille.

Toute vente intervenue entre le mineur et le tuteur serait nulle, qu'elle eut été faite par le tuteur ou par une personne interposée (art. 1595 du Code Nap.). Le tuteur ne pouvait être placé entre son devoir et son intérêt. Toutefois, lorsque les biens mis aux enchères appartiennent en commun au

3

mineur et au tuteur, le tuteur en peut devenir acquéreur; il ne serait pas juste que celui qui est déjà propriétaire pour partie du bien mis en vente, fût privé du droit qu'il a de le conserver, parce qu'il est tuteur de son copropriétaire; seulement, dans la procédure de la vente, il doit se faire remplacer par un *tuteur ad hoc* (art. 451, 838, Code Nap.). Telle est l'opinion de M. Valette.

Le tuteur peut aussi prendre à bail et à loyer les biens du mineur, lorsqu'il y est autorisé par le conseil.

5° Le tuteur ne peut accepter aucun droit ou créance contre le mineur.

Il ne faut pas que le tuteur spécule en achetant les créances que les tiers ont ou prétendent avoir contre le tuteur. Mais, s'il ne peut les acheter, rien n'empêche qu'il reçoive par donation la créance qu'un tiers a contre le mineur; que, s'il paie avec son propre argent une dette de son pupille, il n'obtienne une action de gestion d'affaire; enfin, qu'il se fasse subroger au créancier primitif, car le subrogé ne peut jamais répéter que ses déboursés; il court la chance de perdre, jamais celle de gagner.

CHAPITRE III.

Des comptes de tutelle.

En règle générale, quiconque administre le bien d'autrui est soumis à rendre compte de sa gestion, lorsqu'elle prend fin; les tuteurs et même les père et mère survivant n'en sont point dispensés (art. 469).

La reddition de comptes est une obligation corrélative de la tutelle. Le compte du tuteur consiste dans l'exposé de sa gestion, qu'il doit faire à la fin de la tutelle, soit qu'elle prenne fin par la mort naturelle du mineur, par son émancipation, par sa majorité, soit par la mort naturelle du tuteur, par sa destitution, par sa démission.

Tant qu'il n'a pas rendu de comptes, le tuteur qui cesse de l'être, doit continuer son administration; ce qui ne peut pas s'appliquer toutes les fois que le pupille majeur prend immédiatement l'administration de ses biens.

Mais entre le compte qui doit être rendu à la fin de la tutelle, le conseil de famille peut demander à tout tuteur, autre que le père et la mère, de remettre, chaque année, durant le cours de la tutelle, des actes de situation de sa gestion au subrogé-tuteur. (Art. 470.) C'est aux frais du mineur, dans le seul intérêt duquel a eu lieu l'administration, que le compte définitif doit être rendu. (Art. 471.) Mais nous faisons observer qu'il ne faut pas confondre avec les frais de ce compte, les dépens auxquels pourraient donner lieu une contestation sur ce compte même : cette contestation doit être poursuivie et jugée comme les autres contestations civiles (art. 473), et les dépens incombent au perdant. (Art. 130, Cod. de Proc.)

Aucune forme particulière n'est assignée par la reddition de comptes; nous croyons seulement qu'ils peuvent être rendus à l'amiable et en justice. S'il s'élève quelques difficultés, la contestation est portée devant le tribunal compétent, qui est celui du lieu de l'ouverture de la tutelle. (527, Cod. de Proc. civile.)

Avant la reddition des comptes, dans la crainte que le tuteur ne pût abuser de l'inexpérience du pupille, la loi prononce la nullité de tout traité qui pourrait intervenir entre lui et ce pupille devenu majeur, *relativement à la tutelle.* Nous disons *relativement à la tutelle,* car, avec la plupart des juristes, nous devons reconnaître qu'en prohibant ainsi tout traité, la loi n'entend parler que d'un accord relatif à la gestion ; mais cette prohibition ne s'applique pas à un traité particulier dont le mineur a pu apprécier toutes les chances, comme une vente, un échange, etc. Du reste, l'art. 2045, 2°, au titre des *Transactions,* exigeant que le tuteur, pour transiger avec son ancien pupille, *sur le compte de tutelle,* se conforme aux dispositions de notre art. 472, passe sous silence toute autre espèce de transactions. De plus, l'art. 472 est une exception au principe général, et les exceptions ne doivent pas être étendues en dehors des termes de la loi. La nullité d'un traité fait en contravention à l'art. 472, n'est que relative et ne peut être invoquée que par le mineur devenu majeur. (Art. 1125)

Lorsque le tuteur présente son compte, il doit l'appuyer de pièces justificatives; et si le tribunal ne lui alloue pas toutes les dépenses qu'il porte en compte, le tuteur devra le reliquat de compte : cette somme portera intérêt de plein droit, du jour de la clôture des comptes. Les sommes que le mineur doit au tuteur, ne portent intérêt que du jour de la citation en justice. Ce tuteur n'avait pas besoin de la dérogation faite à l'art. 1153, en faveur de l'ex-mineur, que la loi protége à cause de sa jeunesse et de son inexpérience.

Malgré son désir de favoriser les mineurs, la loi reconnaissant que les fonctions des tuteurs n'étaient qu'onéreuses, n'a pas voulu les laisser exposés, pendant trente ans, à des poursuites pour une gestion souvent compliquée de nombreux détails, dont les pièces justificatives peuvent, du reste, facilement s'égarer. Elle a fixé à dix ans, à partir de la majorité, la prescription des actions du mineur contre son tuteur, relativement aux frais de la tutelle. (Art. 475.) Mais si le tuteur, sommé par le pupille de rendre ses comptes, ne peut pas se présenter, la loi autorise contre lui la contrainte par corps. Telle est la sanction consacrée par l'art. 126 du Code de Procédure civile.

POSITIONS.

I. La cession d'aucun droit du mineur au tuteur, interdite par la loi, peut avoir lieu; quel sera, dans ce cas, le sort de la cession? — On distingue.

II. Dans le cas de partage provisionnel, un autre partage définitif peut-il être demandé aussi bien par les majeurs co-héritiers du mineur que par lui-même. — Oui.

PROCÉDURE CIVILE.

Des enquêtes.

(Liv. II, Tit. 2.)

APERÇU HISTORIQUE.

Le mot enquête, qui dérive du mot latin *inquirere* (s'informer), désigne l'ensemble des formalités juridiques employées pour arriver à l'établissement, à la constatation d'un fait par l'audition des témoins. L'enquête, ou preuve orale, fut de tout temps préférée, dans la législation romaine, à la preuve écrite. Mais cette preuve, basée sur la bonne foi, prend sa force dans la simplicité et l'austérité des mœurs ; la corruption l'avilit en la rendant dangereuse. C'est ce que les Romains ne comprirent pas ; ils restèrent fidèles à un principe dont ils étaient devenus indignes ; car « ce principe « était sage, tant que dans la cité de Romulus on put trouver des Romains. « On aurait dû le changer, quand dans la ville des Césars il n'y eut plus « que des esclaves. » (M. Rodière, *Cours de Compétence et de Procédure ; des Enquêtes.*)

La France, qui emprunta à la législation romaine un grand nombre de ses institutions, adopta ce précieux principe qui fut ainsi formulé : *témoins passent lettres*. Malgré les vices nombreux et les dangers de ce système, il se maintint jusqu'à la fin du xvi⁰ siècle, époque à laquelle le génie innovateur du chancelier de l'Hôpital vint jeter le jour dans le chaos de nos Coutumes. Vivement frappé des dangers de la preuve testimoniale et des avantages de la preuve écrite, il défendit, dans l'art. 54 de l'ordonnance de Moulins, la preuve par témoin de tout contrat ou obligation excédant une valeur de 100 livres ; dès-lors, le vieil adage : *témoins passent lettres*, fut abandonné. et remplacé par celui-ci : *lettres passent témoins, témoignages écrits valent mieux que témoignages verbaux*. Cette innovation, qui se trouve reproduite dans l'ordonnance de 1669, a été, enfin, consacrée par l'art. 1341 du Code Napoléon, et sert de base à notre système de preuves en matière civile.

Cependant, il est encore plusieurs cas où l'enquête est employée, notamment quand la contestation ne s'élève pas au-dessus de 150 francs ; il arrive même que la preuve écrite est renversée par la preuve testimoniale, comme on le voit *dans le faux incident civil*.

Ce léger aperçu historique étant terminé, nous allons examiner l'enquête telle qu'elle est établie en exécution des principes posés dans les art. 1341 à 1348 du Code Napoléon.

Notre ancien Droit civil reconnaissait plusieurs sortes d'enquêtes, telles que : les enquêtes par *tourbe*, pour prouver l'existence d'une coutume non écrite ; l'enquête *à futur*, qui se faisait avant le procès, pour prévenir le dépérissement des preuves, quand on craignait la mort ou l'éloignement de quelque témoin. Abrogées l'une et l'autre par l'ordonnance de 1669, t. 8, elles n'ont pas été rétablies par notre Code, qui n'admet que l'enquête *sommaire* et l'enquête *incidente* ou *ordinaire ;* c'est cette dernière que nous avons à étudier. Pour nous faciliter cette étude, nous avons cru devoir diviser notre matière en onze sections différentes que nous allons examiner séparément.

SECTION PREMIÈRE.

Comment l'enquête doit-elle être demandée.

Dans le cours d'un procès, il arrive souvent que l'une des parties ait intérêt à établir par la preuve testimoniale, faute de tout autre moyen de constatation, certains faits nécessaires à sa cause. Mais pour arriver à cette preuve nécessaire, il lui faut remplir certaines formalités, exigées par l'ordonnance de 1667 et reproduites par notre Code Napoléon.

La partie qui désire obtenir l'enquête doit articuler, c'est-à-dire énoncer.

article par article, les faits qu'elle désire prouver, et les notifier à la partie adverse qui devra, dans le délai de trois jours, se présenter à l'audience pour les reconnaître ou les dénier ; et faute de présentation de sa part, les faits *peuvent être tenus pour avérés* (art. 252, Code de Procédure). Elle pourra, néanmoins, obtenir une prolongation du délai, s'il ne lui a pas été possible de se procurer les documents ou renseignements nécessaires pour y répondre. Une fois la réponse connue, le tribunal ordonnera l'enquête si, toutefois, les faits articulés sont admissibles.

SECTION II.

Dans quel cas la preuve testimoniale peut être ordonnée.

Pour que l'enquête soit ordonnée il faut le concours de ces deux circonstances :

1° Que les faits articulés soient admissibles, c'est-à-dire concluants, ayant un rapport précis avec la cause, et qu'ils servent de preuve fondamentale : « *Frustrà*, dit un ancien brocard, *admittitur probandum quod probatum non relevat.* »

2° Que la preuve n'en soit pas défendue par la loi, comme dans la recherche de la paternité, ou dans une affaire dont la valeur excède 150 fr., etc. La preuve testimoniale peut être ordonnée d'office par le tribunal, pour tous les faits qui lui paraissent propres à éclairer l'affaire.

SECTION III.

Que doit contenir le jugement qui ordonne l'enquête.

Le jugement ordonnant l'enquête est soumis, sous peine de nullité, à de nombreuses formalités. Il doit, tout d'abord, spécifier les faits à prouver, pour qu'on ne s'en écarte pas ; nommer un juge-commissaire pour recevoir l'enquête : l'omission de cette dernière formalité n'entraîne pas de droit la nullité, le tribunal peut réparer cette faute par un jugement ultérieur ; l'on pourrait prouver de même, si dans le dispositif il avait été omis ou mal désigné quelque fait dont la preuve fut admise. Il pourrait arriver que les témoins à entendre se trouvent répandus dans des endroits fort éloignés, de telle sorte qu'il fût très difficile de les faire déplacer sans des frais énormes ; le tribunal pourra, dans ce cas, ordonner qu'il sera fait, simultanément, en divers lieux, plusieurs enquêtes. A cet effet, il choisira, soit parmi ses membres, soit parmi les juges du tribunal dans le ressort duquel l'enquête devra être faite, un commissaire pour recevoir les dépositions ; il pourra, même au besoin, désigner le juge de paix du lieu. Dans tous les cas où la partie demanderesse obtient la permission de prouver certains faits par témoins, la partie défenderesse peut, de plein droit, fournir une *contre-enquête*, pourvu, toutefois, qu'elle ne serve qu'à la dénégation pure et simple des faits énoncés.

SECTION IV.

Des délais pour commencer l'enquête et la contre-enquête.

Tout en admettant la preuve testimoniale, la loi semble ne le faire qu'à regret ; aussi prend-elle toute espèce de précautions pour la rendre aussi parfaite que possible. Craignant qu'un long délai ne donnât aux parties le temps de corrompre ou d'influencer les témoins, elle a ordonné que l'enquête devrait s'ouvrir, si elle était faite au lieu où le jugement a été rendu, dans la huitaine de signification à avoué ou à partie ; et si le jugement était susceptible d'opposition, dans la huitaine du jour de l'expiration des délais d'opposition. Ces délais courent aussi contre celui qui a signifié le jugement. Remarquons que l'inobservation de ce règlement entraîne la nécessité de l'enquête. Si le lieu où doit s'ouvrir l'enquête est à plus de trois myriamètres du siége du tribunal, les juges devront fixer les délais dans le jugement même qui ordonne l'enquête. Voyons maintenant à quel moment s'ouvre l'enquête : est-ce par l'expiration des délais ou bien par l'audition des premiers témoins ? L'art. 259 nous l'apprend : « L'enquête, y est-il dit, sera censée ouverte pour chacune des parties, par l'ordonnance du juge-commissaire qui prescrit d'assigner les témoins pour tel jour ou telle heure. » Il va de soi que le juge devra prendre ses mesures pour que les témoins les plus éloignés puissent se rendre en même temps, ou du moins dans l'intervalle du délai de rigueur, qui est de huit jours.

SECTION V.

Des formalités qui doivent procéder l'audition des témoins.

Avant l'audition des témoins, la partie adverse doit être assignée pour paraître à l'enquête; il faut l'assigner non à son domicile *réel*, mais à son domicile d'*élection*. Cette assignation doit contenir les nom, profession et domicile des témoins qui doivent être entendus, afin qu'on puisse s'informer s'ils doivent être *reprochés*. Quant aux témoins, ils doivent être assignés à domicile, un jour franc avant celui de l'audition, s'ils sont dans l'étendue de trois myriamètres du lieu où se fait l'enquête; dans le même délai, augmenté d'un jour par trois myriamètres, s'ils sont plus éloignés. Il doit aussi leur être donné copie du dispositif du jugement et de l'ordonnance du juge, le tout sous peine de nullité de leur déposition.

SECTION VI.

Des personnes qui ne peuvent être assignées comme témoins.

Nul ne peut être assigné comme témoin, nous dit l'art. 208, s'il est parent ou allié, en ligne directe, avec l'une des parties. La raison de cette prescription est facile à saisir; mais laissons parler le tribun Perrin : « La « nature ne connaît pas de liens plus forts que ceux qui existent du père aux « enfants; la corruption ne connaît point d'ingratitude plus criminelle que « celle qu'elle élève entre eux. Il ne faut pas que leurs dépositions, quoique « rejetées, puissent devenir un monument de parjure; il ne faut pas qu'un « témoin puisse être froissé entre les devoirs de sa conscience et des affec- « tions aussi impérieuses. » Cette prohibition ne souffre aucune exception en ce qui concerne les conjoints et les descendants; mais l'art. 251 autorisait l'audition des ascendants en matière de divorce. Cette exception était basée sur la maxime : *In domesticiis non reprobatur domesticum testimonium.*

4

Il y a encore d'autres personnes qui ne peuvent témoigner en justice : telles que l'interdit et celui qui a encouru la dégradation civile ; ce dernier peut bien être appelé, mais sa déposition ne fait pas foi ; elle n'est recevable qu'à titre de renseignement.

Tout témoin assigné est tenu de comparaître, ou du moins de faire connaître les motifs qui l'ont empêché de comparaître, et de répondre aux questions qui lui sont adressées, sous peine d'une amende de 10 à 100 fr., en faveur de celle des parties qui l'a appelé. Certaines personnes, cependant, telles que le médecin, le confesseur, sont dispensées de déposer sur les choses qu'en raison de leur profession on aurait pu leur confier ; l'inviolabilité du secret, sanctionnée par l'art. 378 du Code de Procédure, leur en fait une loi.

SECTION VII.

De la manière de recevoir les dépositions, et du nombre de dépositions qui passent en taxe.

Contrairement au système suivi dans les enquêtes en matière criminelle, et dans les enquêtes sommaires en matière civile, l'on a admis, pour l'enquête ordinaire, l'audition des témoins à huit-clos ; mais ici, comme dans les autres cas, les témoins doivent être entendus séparément et de manière à ignorer la déposition l'un de l'autre ; ils pourraient, en effet, se laisser influencer ou du moins guider par les dépositions habiles et prudentes de certains témoins. Avant d'être admis à déposer, les témoins doivent prêter serment entre les mains du juge, et répondre aux interpellations mentionnées en l'art. 262, et qu'il serait trop long d'énumérer ici, mais qui servent à constater que le témoin ne se trouve d'aucune manière sous l'influence de la partie. Une fois ces formalités remplies, le juge-commissaire passe à l'audition des témoins ; la déposition doit être faite de vive voix et sans le secours d'aucun document ou d'aucun écrit. Un projet écrit donnerait à penser que la déposition lui a été dictée d'avance ; mais si un témoin se présentait avec un projet écrit que le juge lui défendrait de lire, sa déposition ne serait pas nulle, mais elle serait bien suspecte. La liberté la plus entière doit être accordée au témoin dans sa déposition.

Le juge, cependant, peut d'office, ou sur la demande de l'une des parties, l'interpeller, mais sur ces faits seulement dont on a admis la preuve. Au fur et à mesure que le témoin dépose, sa déposition est écrite par le greffier du tribunal, sous la direction du juge-commissaire; il est inutile de dire que l'on doit reproduire la déposition dans ses moindres détails, sans qu'on pousse la fidélité jusqu'à rapporter minutieusement toutes les expressions oiseuses et incorrectes qui peuvent échapper au témoin. La déposition ainsi faite, et rédigée par le greffier, devra être lue au témoin; il lui sera demandé s'il persiste ou s'il veut y changer quelque chose; dans ce dernier cas, les corrections seront mises à la suite de la déposition. Lecture lui en sera donnée, après quoi il sera requis de signer. S'il ne peut ou ne veut le faire, le greffier en fera mention.

SECTION VIII.

Des reproches et de la manière de les présenter.

On entend, en général, par *reproches*, les allégations avancées par l'une des parties à l'effet de rendre suspecte la fidélité des témoins produits par son adversaire. L'art. 283 détermine quelles sont les allégations qui peuvent être présentées. Mais c'est avant la déposition du témoin que l'on doit présenter les reproches; tel est le principe. Le motif en est facile à saisir : si l'on permettait à la partie de ne présenter ses observations qu'après la déposition du témoin, alors qu'elle connaissait les noms et le domicile de ce témoin, sur lequel elle a pu prendre des renseignements, on pourrait craindre que, déçu dans ses espérances par une déposition défavorable, elle ne soulevât une chicane ou un incident de mauvaise foi. Les cas fort nombreux où les reproches pourront être présentés, sont longuement énumérés dans l'art. 283.

Ces causes se fondent, en général, sur la crainte de partialité ou bien de dépendance d'un témoin vis-à-vis de sa partie, ou bien encore de subornation exercée par l'une des parties. Le peu de moralité des personnes condamnées antérieurement à des peines infamantes, ou même à des peines correctionnelles, peut motiver l'admission des reproches, c'est-à-dire la nullité de la déposition. Quoique l'art. 283 soit limitatif, il est encore quelques autres cas où l'on peut admettre les reproches : par exemple, pour celui qui a un intérêt immédiat à la solution du procès; pour l'associé de l'une des parties, qui, quelquefois, a un intérêt bien plus grand que la plupart des parents à l'acquittement de son coassocié.

Les reproches, avons-nous dit, devront être présentés avant l'audition des témoins; il nous reste à voir dans quelles formes cette proposition doit être faite. L'art. 270 du Code de Procédure nous indique la marche à suivre.

« *Les reproches*, y est-il dit, *devront être circonstanciés et pertinents, et non en termes vagues et généraux.* » C'est-à-dire que la partie devra fournir tous les détails plausibles qui peuvent en déterminer l'admission; et tout en désignant d'avance la preuve du reproche porté contre le témoin, cette déclaration sera consignée sur le procès-verbal du juge-commissaire, pour être plus tard soumise à l'appréciation du tribunal.

SECTION IX.

Délai dans lequel l'enquête doit être terminée.

L'enquête ne peut durer que huit jours; c'est ce qui résulte clairement de l'art. 278, qui fixe l'audition des derniers témoins dans la huitaine de l'audition des premiers. Or, les témoins entendus, l'enquête est terminée; ce délai même est de rigueur. Les dépositions reçues postérieurement seraient nulles de plein droit. Mais ce délai, quoique fatal, peut cependant, avec l'autorisation du tribunal, être prolongé, si, par exemple, une des parties, faute de temps, ne pouvait faire entendre tous ses témoins. A cet effet, le réclamant fera inscrire sa demande sur le procès-verbal du juge-commissaire, qui est tenu d'en référer immédiatement au tribunal. Celui-ci, sans sommation ni *avenir*, si les parties ou leurs avoués sont présents, décidera de l'admission ou du refus. Notons qu'il ne peut être accordé qu'une prorogation.

SECTION X.

De ce que doit contenir le procès-verbal d'enquête et de contre-enquête.

Le procès-verbal d'enquête rédigé par le juge-commissaire doit, outre les dépositions des témoins, contenir mention de la date, du jour, de l'heure de la comparution ou du défaut des parties et des témoins ; de la représentation des assignations données tant aux parties qu'aux témoins ; le tout sous peine de nullité, surtout dans le cas de non représentation de l'assignation donnée à la partie adverse. A l'égard de chaque témoin, le procès-verbal devra contenir des réponses aux demandes qui lui auront été posées relativement à ses nom, prénoms, domicile et profession ; relativement aux biens, soit de parenté, soit de dépendance, qui l'unissent à la partie qui l'a assigné. L'audition des derniers témoins étant achevée, le juge devra clore le procès-verbal et le signer avec son greffier ; il devra, en outre, requérir les parties de signer avec lui, et si elles ne le peuvent ou ne le veulent, mention doit en être faite. Dès-lors, la partie la plus diligente fera signifier à avoué copie du procès-verbal, et poursuivra l'audience sur un simple acte.

SECTION XI.

De la manière de statuer sur les reproches.

Les allégations ou reproches, portés contre un témoin, n'empêchent pas néanmoins d'entendre sa déposition, et de la consigner comme les autres ; seulement, elle est nulle et non avenue jusqu'à ce que le Tribunal ait statué sur la valeur des reproches. Avant que l'audition soit connue, nous dit l'art. 288, il doit être statué sur les reproches ; cependant, si l'affaire est en état, c'est-à-dire si elle est parfaitement claire, le Tribunal peut statuer, par un même jugement, sur l'une et l'autre question.

Dans le cas contraire, la partie qui les a proposés doit produire les témoins et les pièces, qui viennent à leur appui, pour que la question soit vidée. Si les reproches sont admis, la déposition du témoin devient nulle et ne doit pas être lue à l'audience; dans le cas contraire, elle a une entière valeur, plus grande peut-être que si elle n'eût été reprochée, car chacun ne s'attaque qu'à ce qu'il craint le plus.

SECTION XII.

De la nullité de l'enquête ou de quelques-unes de ses dispositions.

Les nullités, dans une enquête, peuvent provenir de l'incurie, soit du juge-commissaire, soit de l'officier ministériel, tel que l'avoué ou l'huissier. De grandes différences existent, suivant qu'elles émanent de l'une ou de l'autre de ces personnes. En effet, si la nullité provient de la faute du juge-commissaire, elle devra être recommencée à ses frais; si, au contraire, elle n'a été amenée que par l'incurie de l'officier ministériel, elle ne cessera pas d'exister; mais la partie intéressée aura un recours en dommage contre l'officier négligent. La raison de cette différence doit, ce me semble, être celle-ci :

Il est de principe que la partie ne doit pas souffrir de la faute du juge, il serait donc injuste de priver un individu de recommencer une enquête défectueuse, par la faute d'un homme qu'il n'a pas choisi. Tandis que dans le second cas, on peut lui imputer son choix; ce n'est pas à dire, pour cela, qu'il doive en subir toutes les conséquences; mais il sera privé du droit de recommencer toute l'enquête, et son action se bornera en un recours contre l'officier fautif. En résumé, une enquête peut être déclarée nulle en totalité lorsque la formalité omise s'applique à toute l'enquête; en partie, si la formalité omise ne s'applique qu'à une partie de l'enquête.

DROIT CRIMINEL.

Du résumé du président de la Cour d'assises, et de la position des questions aux jurés.

Les témoins ont fait leur déposition, le procureur général et la partie civile ont développé les moyens qui appuient l'accusation; l'accusé et son conseil ont répondu et parlé les derniers; que faut-il encore? le résumé du président de la Cour (art 336, C. d'Inst. crim.). Le résumé du président a pour but de résumer toutes les preuves résultant des débats, soit *pour*, soit *contre* l'accusé. Aussi le président doit-il chercher les éléments de son résumé dans tous les débats, mais *uniquement* dans les débats qui viennent d'intervenir dans l'audience; encore bien que quelques preuves, quelques indices, résultant de ces débats, aient été omis dans les plaidoiries respectives. Mais dans ce résumé le président doit-il, ou peut-il laisser apercevoir son opinion personnelle? c'est une question difficile à résoudre. Le Code ne donne aucune sanction à la manière dont le président présentera son résumé; et, il faut bien le dire, en supposant même que, dans l'esprit de la loi, le président ne dût pas laisser voir son opinion sur l'affaire, les débats étant clos, il n'y aura aucune nullité possible, dans le silence de la loi, s'il laisse voir son opinion. Souvent aussi, dans certaines affaires, sa conviction sera tellement complète que le président, dans le rapprochement des preuves, ne pourra s'empêcher de montrer son opinion. Alors plus de liberté dans la décision des jurés; et la loi, qui dans les art. 312, 343, 353, leur interdit toute communication au dehors, afin que leur verdict soit l'expression pure

et simple de leur conviction personnelle, les laisse sous l'influence du président, ou, pour mieux dire, sous la plus puissante des influences. Mais il
fallait, après des débats prolongés, remettre sous les yeux du jury les faits
capitaux qu'il aurait pu perdre de vue.

Des questions posées aux jurés.

Sur le Code de 1791 et du 3 brumaire an VI, on ne pouvait poser au
jury aucune question complexe : la question principale se décomposait ainsi :
« 1° tel fait est-il constant? 2° l'accusé en est-il l'auteur? 3° a-t-il agi vo-
lontairement? 4° a-t-il agi avec l'intention de nuire? » Ce système présentait d'inextricables difficultés, par la multitude des questions, dans les affaires importantes où figuraient plusieurs accusés; et par les contradictions
où tombait le jury, en confondant la question de volonté et la question d'intention. Les quatre questions ci-dessus, et de plus toutes les questions qui
résultent des circonstances mentionnées dans le résumé de l'acte d'accusation, se trouvent aujourd'hui implicitement comprises dans la question
complexe adressée au jury. Ce mode a l'avantage d'éviter les méprises qui
résultaient souvent de la décomposition infinie des questions; mais il a aussi
ses inconvénients. Quand la réponse du juge est affirmative sur la question
complexe, elle est implicitement affirmative sur les quatre questions dans
lesquelles on aurait pu la décomposer; il n'y a pas ici de danger, si ce
n'est dans le cas seul de légitime défense, de provocation et de démence;
lorsque le jury, négligeant la question d'intention criminelle, n'envisageant
que le fait criminel, dit : « Oui, l'accusé est coupable d'avoir commis tel
meurtre. » Mais ce cas sera peut fréquent, et presque toujours cette réponse
sera corrigée par une proposition contradictoire, comme dans cette déclaration
d'un jury : « Oui, l'accusé est coupable d'avoir commis tel meurtre, mais il était
dans un état de démence. » C'est surtout lorsque la réponse à la question complexe est négative, que naissent les difficultés. En effet, souvent le jury, après
avoir intérieurement décomposé la question complexe, arrive à la négative
sur l'une des quatre questions de détail; il n'en doit pas moins donner une
réponse négative sur l'ensemble de la question. On ne sait pas alors quel
motif l'a déterminé : il y a acquittement, et cependant la Cour d'assises,

d'après les articles 358 et 366, peut accorder des dommages-intérêts contre l'accusé même acquitté. Si le jury, admettant l'existence matérielle du fait, a été déterminé à la négative par le défaut de volonté ou d'intention crimi- nelle, il n'y a pas de contradiction entre sa raison et la décision de la Cour ; mais il y aurait contradiction s'il a été déterminé à la négative par la pensée que l'accusé n'était pas l'auteur du fait. Cette contradiction possible n'est jamais manifeste. Peut-être eut-il mieux valu, sans revenir au système des questions de détail, interroger séparément les juges : 1° sur le fait ; 2° sur sa moralité.

« La question, nous dit l'art. 337, sera posée en ces termes : *L'accusé est- il coupable d'avoir commis tel meurtre, tel vol ou tel autre crime avec les circons- tances comprises dans le résumé de l'acte d'accusation ?* » Est-ce bien là la question que l'on doit poser aux jurés ? Le jury, appelé à prononcer sur l'existence et la moralité de l'acte, est-il aussi appelé à le qualifier légale- ment, en décidant qu'il rentre ou non dans les faits prévus par la loi pénale ? En un mot, peut-il se prononcer sur une question de droit ? Ici, les textes et la pratique ne sont pas d'accord ; il serait trop long d'examiner cette ques- tion importante. Disons seulement qu'en matière de circonstances aggravan- tes, comme en matière de faits principaux, le mieux serait d'interroger le jury, non avec l'expression légale, mais avec la définition que la loi a donnée. S'il n'existe pas de définition légale, alors, le jury sera appelé à prononcer, non-seulement sur le fait, mais sur sa qualification légale, *question* essentiellement *de droit.*

Lorsqu'il ressort du débat une ou plusieurs circonstances aggravantes jusqu'alors inconnues, le président ajoute la question suivante : *L'accusé a-t-il commis le crime avec telle ou telle circonstance ?* » Et ici la vindicte pu- blique viendrait enlever à l'accusé son moyen de défense sur des faits qui n'ont pas subi l'épreuve des procédures préparatoires, si, pour rémédier autant que possible à cet inconvénient, on n'avertissait l'accusé et son con- seil que la Cour a l'intention de poser des questions subsidiaires, relatives à telles ou telles circonstances.

Si un crime plus grave se révèle dans le cours des débats, il y aura lieu à une nouvelle instruction sur ce nouveau crime, c'est ce qu'on appelle des circonstances aggravantes. Ou entend, par circonstances aggravantes, un

5

assez grand nombre de faits qui, impunis ou punis de peine légère quand ils sont isolés, deviennent, par leur concours avec certains crimes ou délits, l'occasion d'une pénalité très forte ; tels sont les cas d'escalade, d'effraction, de fausses clés, qui, concourant avec le vol, d'un simple délit en font un crime. On considère encore, comme circonstances aggravantes, de véritables délits qui se joignent à un autre fait, en aggravent la pénalité, comme le vol joint au meurtre.

Maintenant que nous avons parlé des circonstances aggravantes, parlons un peu des *excuses*.

L'*excuse* est un fait défini par la loi ; et il est à remarquer que, hors les cas d'excuse formellement déclarés, aucune circonstance ne peut être admise comme telle. Les excuses sont énumérées dans les art. 321 et suivants du Code pénal.

Nous devons surtout faire ressortir la différence qui existe entre l'excuse et le fait, soit de démence, soit de légitime défense, soit de force majeure. L'excuse ne détruit pas la pénalité, elle l'atténue seulement ; tandis que la démence, la force majeure, etc., détruisent la culpabilité et empêchent l'application de toute peine. Ensuite le jury doit être formellement interrogé sur l'existence des excuses. Au contraire, les faits de démence, etc., ne sont pas l'objet d'*une question*.

Le président est tenu, à *peine de nullité*, de poser au jury la question du fait de démence allégué par l'accusé ; mais il y a une excuse que le président doit présenter d'office : c'est la question de discernement, qui peut faire acquitter ou du moins condamner l'accusé mineur de seize ans, à des peines beaucoup moins fortes que celles qu'il eût encourues.

Circonstances atténuantes.

Nous arrivons enfin aux circonstances atténuantes et nous ne regrettons qu'une chose : c'est que le cadre trop restreint de ce travail ne nous permette pas de nous étendre sur un sujet si important. Dans l'ancienne jurisprudence, avant 1791, les peines étaient arbitraires. En 1791, passant à l'excès contraire, les rédacteurs du Code substituèrent à l'arbitraire la fixité des peines. En 1808 on reconnut l'abus de ce nouveau système, et, pour y remédier, on établit un *minimum* et *maximum* dans les peines. Ce n'était pas encore assez : une loi spéciale du 25 juin 1824 permit aux Cours d'assises de déclarer des circonstances atténuantes et d'appliquer ainsi, non pas le *minimum* de la peine, mais une autre peine inférieure d'un degré à la peine légale. Enfin, en 1832, l'art. 463 du Code pénal autorise le jury, dans toute espèce de crime, en reconnaissant l'accusé coupable, à reconnaître et à constater l'existence de circonstances atténuantes ; ce qui contraindra la Cour à descendre d'un degré, quelquefois de deux degrés, dans les peines de même nature.

La différence qui distingue les excuses des circonstances aggravantes est facile à saisir. Les excuses sont expressément définies par la loi. Le jury seul peut déclarer s'il y a ou non circonstances atténuantes. L'excuse, à raison de sa nature, doit être l'objet d'une *question spéciale* posée par la Cour au jury. C'est de lui-même, *sans aucune question*, qu'il admet des circonstances atténuantes. Le président doit seulement l'avertir, d'une manière générale, que s'il croit que des circonstances atténuantes existent pour l'accusé, il doit le déclarer.

QUESTIONS.

I. Quelle est la différence de l'excuse avec la circonstance atténuante ?

II. A qui appartient la déclaration des circonstances atténuantes ?

Vu par le Président de la Thèse,

DEMANTE.

Cette Thèse sera soutenue, en séance publique, le 4 août 1858, dans une des salles de la Faculté.

Typogr. BAYRET, PRADEL et Cᵉ, Place de la Trinité, 12.

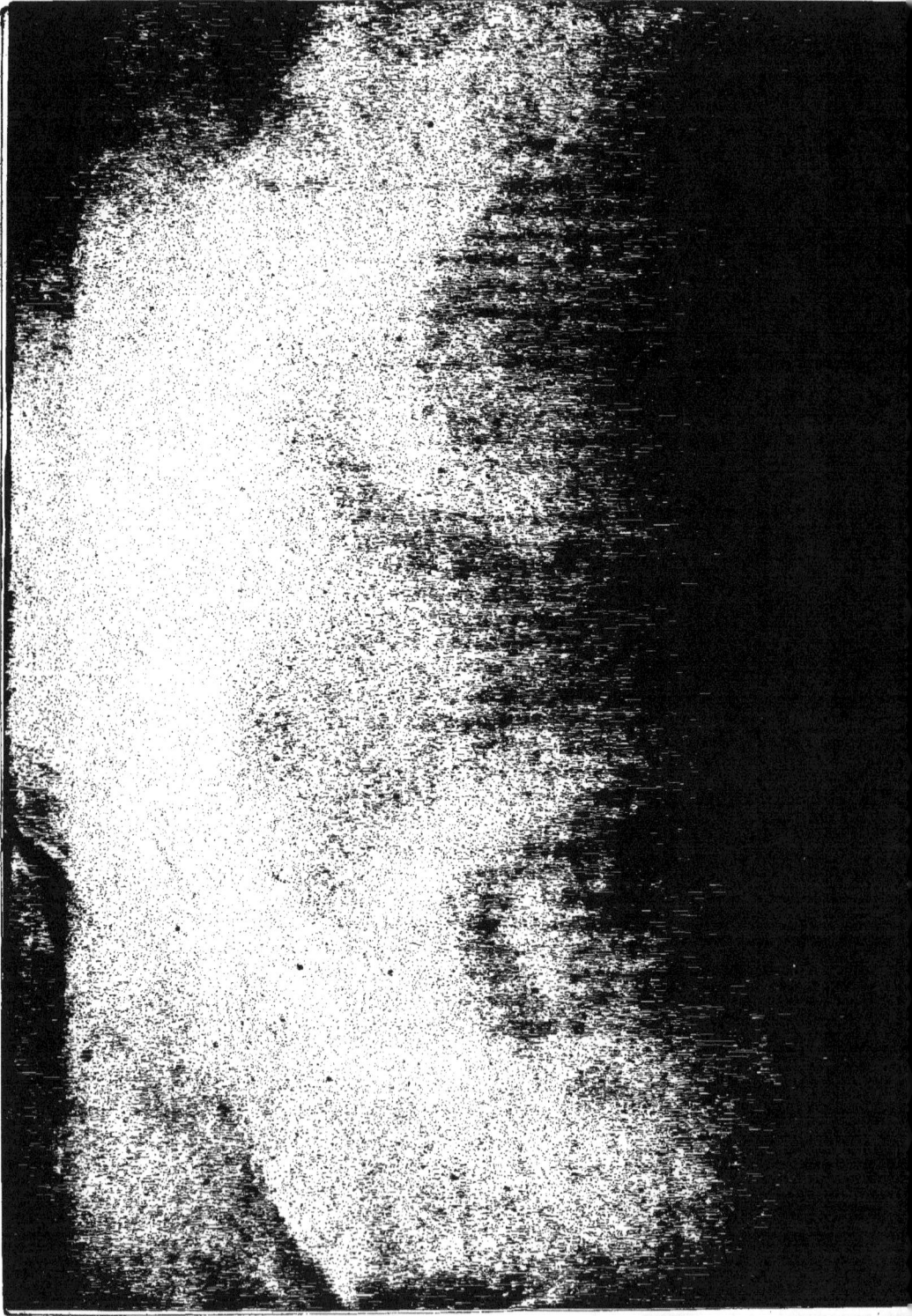

www.ingramcontent.com/pod-product-compliance
Lightning Source LLC
Chambersburg PA
CBHW060449210326
41520CB00015B/3890